EN SOUVENIR

D'UN ÉPOUX ET D'UN PÈRE CHÉRI.

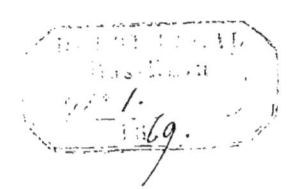

Le 16 octobre 1868 de nombreux parents et amis se réunissaient à la famille Herrenschmidt pour rendre les der-, niers devoirs au chef bien-aimé qu'elle venait de perdre

GUSTAVE-FRANÇOIS HERRENSCHMIDT.

Dans la maison mortuaire, le vénérable pasteur Hærter, ami de la famille, ouvrit la cérémonie funèbre par les paroles d'un cantique dont nous ne pouvons reproduire l'accent intime et la merveilleuse simplicité, mais dont nous regretterions de ne pas indiquer la pensée générale :

> Je vis où vit Celui que j'aime ;
> La terre n'est plus mon séjour ;
> Jésus-Christ est mon bien suprême,
> Et je le cherche nuit et jour,
> Mon trésor est auprès du Père,
> Mon âme a suivi son trésor,
> Et, loin des fanges de la terre,
> Vers le Ciel a pris son essor.

Il lut ensuite d'une voix profondément émue une courte notice sur la vie du défunt et termina en prononçant la prière du Seigneur.

Après la bénédiction, l'assemblée accompagna à l'église du Temple-Neuf le cercueil que l'amitié et la piété filiale avaient orné avec amour. Les élèves du Neuhof ouvraient le cortége, puis suivaient les ouvriers de la fabrique; le plus grand nombre d'entre eux pleuraient au souvenir du vieux maître qui avait été pour eux un père.

Le service de l'église commença par le chant du cantique: «Réjouis-toi, mon âme»; puis M. le pasteur Reichard prit la parole. Nous allons essayer de rendre en français le texte de son discours tout entier.

«Que la grâce de Notre Seigneur Jésus-Christ, l'amour de Dieu et la communion du Saint-Esprit soient avec nous tous! Amen.

Bien-aimés en notre Seigneur,

Il a plu au Maître de la vie et de la mort de rappeler à lui notre frère, Monsieur Jean-François-Gustave Herrenschmidt, fondateur et propriétaire de la tannerie du Wacken.

Né à Saar-Union le 5 octobre 1789, il vint, jeune encore, à Strasbourg. En 1815 il s'y maria à Mademoiselle Caroline Griesbach; mais leur bonheur fut de courte durée: au bout de sept ans Madame Herrenschmidt mourait en laissant à son mari trois fils, dont l'un devait bientôt la suivre. Un autre fils, l'aîné, fut enlevé de ce monde à l'âge de 28 ans, et cette perte fut pour le cœur du père une blessure que le temps ne cicatrisa pas.

En 1823, Dieu donna à notre frère une nouvelle compagne et à ses enfants orphelins une seconde mère en la personne de Mademoiselle Caroline-Sophie Schwartz. Ce nouveau lien dura 45 ans et se poursuivit sous le regard du Seigneur dans la paix et l'unité de l'esprit à travers les bons et les mauvais jours, les joies et les peines, jusqu'à l'heure où la mort vint le dissoudre.

De ce second mariage sont nés sept fils, dont l'un mourut dès l'enfance, un autre dans sa jeunesse. M. Herrenschmidt se vit entouré dans ses vieux jours de seize petits-enfants, dont deux, ceux que lui avait laissés son fils aîné, vivaient plus particulièrement auprès de lui, et il eut, à un rare degré, le bonheur de voir se répandre sur ses fils et petits-fils les bénédictions d'en haut.

Après une vie de travail et de devoir, couronnée par la distinction de la Légion d'honneur, M. Herrenschmidt remit à ses fils le soin de l'établissement qu'il avait fondé. Mais en se retirant des affaires, il se voua avec plus d'ardeur que jamais au service d'un Maître qu'il ne craignait pas de confesser devant les hommes, et il s'occupa de toutes ses forces aux œuvres du royaume de Dieu, soit comme membre de l'église et du Consistoire du Temple-Neuf, soit comme soutien de nombre d'institutions charitables, en particulier de l'asile du Neuhof et de l'établissement des Diaconesses, qui n'oublieront jamais ses soins et son dévouement.

Et quand vint le soir de sa vie, c'est sans terreur, sans inquiétudes, avec le calme de la foi qu'il le vit arriver, car pour lui Jésus-Christ en éclairait les ombres de sa lumière éternelle. La maladie altéra par des atteintes réitérées sa vigoureuse santé; et c'est au milieu des siens que s'endormit doucement ce père bien-aimé, le matin du 14 octobre 1868, à l'âge de 79 ans 8 jours.

On peut résumer toute l'histoire de la vie et de la mort de notre frère par la lecture du passage biblique que sa veuve nous a donné pour texte de notre allocution funèbre et qui se lit dans la 1re épître de S. Jean au ch. V, au v. 4 :

LA VICTOIRE PAR LAQUELLE LE MONDE EST VAINCU,
C'EST NOTRE FOI.

Daigne le Seigneur, qui par sa vie et par sa mort a lui-même vaincu le monde, agir en nous en ce moment avec efficace par la puissance de sa parole, et en faire pour nous tous une heure de bénédiction pour le temps et pour l'éternité ! Amen.

Notre texte, mes chers frères, est, sur les lèvres d'un apôtre, l'écho de cette autre parole émanée de la bouche du Seigneur lui-même dans la nuit où il fut livré : « Je vous ai dit ces choses pour que vous ayez la vie en moi. Vous aurez des afflictions dans le monde, dit-il à ses disciples ; mais ayez bon courage, j'ai vaincu le monde. » (Jean, XVI, 33.) Ces mots du Seigneur s'étaient imprimés dans le cœur du disciple fidèle à l'heure la plus douloureuse de sa vie, alors que, penché sur le sein de son Maître, il ressentait les douleurs de Jésus aussi profondément qu'elles pouvaient être saisies par le cœur d'un mortel. Ainsi consolé par son Maître, il devait voir bientôt la vérité des consolations de Jésus, car peu après, en effet, il vit le monde vaincu par la mort et par la résurrection de son Sauveur, et la victoire de Jésus devint sa propre victoire, la vie de Jésus sa propre vie. Aussi le mot de Jésus, qui dans toute autre bouche que celle du Fils de Dieu serait d'une audace blasphématoire, ce mot n'a-t-il pas frappé son cœur en vain : le disciple l'a reçu, l'a saisi et l'a gardé, il y a vu le sceau de sa communion avec Jésus. Et voilà pourquoi il est donné à S. Jean, homme et pécheur comme nous, de consoler d'autres hommes pécheurs ; il peut le faire avec le même accent de triomphe dont son Maître se servait pour relever le courage des disciples éperdus ; et ce qui le lui permet, c'est la vertu de la foi que Jésus met en état de tout vaincre, de la foi qui en Jésus a déjà remporté sa victoire ! — O puissance merveilleuse de la foi vivante que le Saint Esprit de Dieu communique au cœur de l'homme ! Elle est si simple qu'un enfant peut la saisir ; elle est assez grande, assez forte et assez profonde pour vaincre le monde, réunir le ciel et la terre et renouer les relations de l'homme avec son Dieu !

Nous avons à louer Dieu, mes frères, de ce qu'il avait accordé à notre frère bien-aimé de faire l'expérience des victoires de la foi. — De bonne heure, par un effet de la grâce divine, la parole sainte lui avait inspiré cette ferme conviction dont parle S. Jean quand il dit (v. 5) : «Qui est celui qui est victorieux du monde, sinon celui qui croit que Jésus-Christ est le Fils de Dieu ?» — L'Alpha et l'Oméga de notre foi, mes frères, ce qui en est l'objet éternel, c'est le fait du salut en Jésus-Christ, fils de Dieu ! La foi à laquelle la victoire est promise, n'est pas, en effet, une simple adhésion de l'esprit, une connaissance extérieure, une acceptation sèche de tel ou tel article de la doctrine et de la morale chrétiennes, de telle ou telle donnée de l'histoire ou de la raison : c'est l'acte par lequel on saisit pour soi-même l'acte extraordinaire que Dieu a fait quand il a aimé le monde au point de donner son Fils unique, afin que quiconque croit en lui ne périsse point, mais qu'il ait la vie éternelle. Car c'est en Jésus-Christ, Fils de Dieu, qu'est renfermé le salut du monde; c'est en sa personne que Dieu s'unit aux hommes; c'est dans son nom même que nous avons le gage de notre salut (Matth., I, 21); c'est dans sa vie que nous est transmise une pleine justice, dans sa mort que nous est remise notre lettre de grâce, dans sa résurrection que nous sommes affranchis de la mort et de ses terreurs. Aussi la foi en Jésus ne s'arrête pas à une part de sa personne ou de son œuvre; elle le veut, elle le réclame tout entier; il le lui faut tel qu'il est; elle nous le fait saisir de toutes les forces de notre âme et ne nous permet pas de le quitter qu'il ne soit devenu notre sagesse, notre justice, notre sanctification, et, pour tout couronner, notre rédemption.

Est-ce là notre foi à nous-mêmes, mes frères? Oui, si elle a été produite en nous par l'action de l'Esprit saint, car personne ne peut confesser que Jésus est le Seigneur sinon par le Saint-Esprit (1 Cor., XII, 3), et c'est ici, comme le dit Jésus en S. Jean, c'est ici l'œuvre de Dieu que vous croyiez en Celui qu'il a envoyé (Jean, VI, 29). Il faut en effet, pour que la foi naisse dans les âmes, que la discipline de l'Esprit de Dieu, les amenant à la connaissance de leurs fautes et à la repentance de leurs péchés, leur fasse ressentir cette faim et cette soif de la justice qui sont le point de départ de la foi: c'est de là que, se développant graduellement dans les cœurs, elle en vient enfin au bonheur d'éprouver que Dieu a tout préparé pour nous faire trouver en Jésus-Christ sa paix, sa vraie, sa parfaite paix.

Ainsi cette parole si hardie et si haute que nous la jugerions plus que téméraire si elle était dictée par l'orgueil humain, cette parole de l'apôtre commence par nous ramener à la plus profonde humilité. Car le monde dont la foi triomphe, n'est pas le monde tout extérieur de la nature visible; celui-là, il faut laisser aux efforts du génie humain le soin de le subjuguer. Mais le monde avec lequel nous sommes en guerre et que Dieu nous appelle à vaincre, c'est le monde du péché, le monde qui est en nous et au dehors de nous, et, à le combattre, la puissance des plus forts s'use et la sagesse des habiles s'épuise. On ne peut le dominer à moins d'une sagesse supérieure qui, jugeant de tout au point de vue divin, apprenne de plus haut que la terre ce qu'il est, quelles sont sa nature, ses œuvres, ses pensées, son épouvantable fin. Voici ce que nous en dit la parole éternelle par la bouche du même apôtre S. Jean: « N'aimez pas le monde, ni les choses qui sont dans le monde; car, si quelqu'un aime le monde, l'amour du Père n'est point en lui. Car tout ce qui est dans le monde, savoir la convoitise de la chair, la convoitise des yeux et l'orgueil de la vie, tout cela ne vient point du Père, mais vient du monde. Et le monde passe avec sa convoitise, mais celui qui fait la volonté du Père demeure éternellement. » (1 Jean, II, 15-17.) Tel est le monde que le Fils de Dieu a vaincu et qu'il nous charge et nous permet de vaincre après lui par la foi en son nom. Nous le portons dans le cœur dès notre naissance; nous lui appartenons par nature ; nul de nous n'est exempt ni de la convoitise de la chair qui recherche les jouissances, ni de la convoitise des yeux qui ne veut que gains, profits et bénéfices, ni de l'orgueil de la vie, ivre de l'apparence et qui ne sait jamais fixer un terme à la hauteur de ses ambitions.

Et qui de nous pourrait dire que sa vie n'est pas engagée en mille manières dans ce monde de péché dont nous parlons? Qui de nous oserait nier que son âme ne soit allumée du feu de ces trois sortes de convoitises, quand même nous devrions savoir qu'elles n'ont d'autre issue que la mort? — Écoute, ô pauvre âme humaine, écoute la voix de l'éternelle sagesse et décide-toi enfin à y croire : le bonheur et la paix, il ne faut pas les demander au monde; le monde ne te les procurera point. Qu'il t'entoure de tous ses charmes, qu'il t'éblouisse de ses splendeurs décevantes : sous son apparent éclat, il ne cache que vide et fragilité; aussi, dusses-tu posséder tout ce qu'il peut t'offrir de biens et de joies, encore n'aurais-tu dans le cœur qu'angoisse et crainte; oui, tu aurais peur : peur des puissances connues ou mystérieuses qui peuvent te ravir ce que tu aimes; peur de ta conscience qui dans chacune de tes joies te rappelle le péché par lequel tu l'as acquise ou celui que tu y mêles; peur de la mort enfin qui ne laissera pas de t'emporter un jour, loin de cette terre que tu as appelée ton ciel et de ce monde dont tu as fait ton paradis!

Oh! que notre vie serait différente de ce qu'elle est si, au lieu de nous abandonner à la vaine sagesse du monde que sa propre fragilité empêche de rien voir et de rien connaître, c'était à la sagesse d'en haut que nous demandions d'éclairer nos cœurs! Elle nous apprendrait à distinguer ce qui demeure de ce qui passe, ce qui sert de ce qui nuit, ce qui dit vrai de ce qui trompe; et voilà la grâce que le Seigneur avait faite à notre frère. Dieu lui avait ouvert les yeux sur toutes ces choses; plus il avançait, plus sa vue spirituelle devenait nette et pénétrante; la lumière de la grâce lui révélait de jour en jour davantage ce qu'est le monde et ce qu'il vaut, et en même temps elle lui apprenait à chercher ce qui n'est pas du monde et qui n'en partage pas le sort.

Il y avait dans son christianisme quelque chose de beau et de bienfaisant : c'était cette entière simplicité, cette humilité sans fard qu'il ne perdait point au milieu de l'éclat et des faveurs terrestres; là même il aimait à se déclarer un simple disciple de Jésus, sauvé par grâce comme tous les autres; il n'attendait son salut ni des louanges du monde, ni des honneurs d'ici-bas; il ne le demandait qu'au pardon de la Croix. Aussi était-ce du plus profond de son cœur que, la veille de sa mort, il répétait les prières du psaume CXXX que son vieil ami, son fidèle pasteur, prononçait à son chevet: «Je crie à toi, Seigneur, du fond d'un abîme. — Seigneur, si tu prends garde aux iniquités, qui est-ce qui subsistera? Mais le pardon se trouve auprès de toi, afin qu'on te craigne. — La miséricorde est avec l'Éternel, la rédemption se trouve en abondance auprès de lui.» — Et ses lèvres mourantes s'agitaient encore pour murmurer les accents du cantique:

Der am Kreuz ist meine Liebe;
Meine Lieb ist Jesus Christ.

Telle est la victoire dont parle l'apôtre. Elle se manifeste de deux manières : d'une part, au milieu de nos luttes, dans l'épreuve journalière que nous faisons des bienfaits de la communion de Jésus ; d'autre part, dans le triomphe que les fidèles glorifiés célèbrent au trône de Dieu.

Quand, chaque jour, avec l'expérience du pouvoir du péché et de la multiplicité des tentations d'ici-bas, le cœur d'un chrétien fait aussi celle de la sagesse divine et de la force qu'on trouve en Jésus-Christ mort et ressuscité ; quand, d'année en année, le cœur humain avec ses vanités et ses convoitises, ses passions et ses haines, ses pensées et ses soucis mondains se transforme à la ressemblance de Jésus-Christ, et qu'ainsi la terre cesse de lui plaire et le Ciel l'attire de plus en plus, n'est-ce pas là, déjà, mes frères, une victoire dont il faut rendre gloire au Seigneur ? Eh bien ! on en lisait l'expression, on en voyait l'éclat dans les traits du noble vieillard dont aujourd'hui les combats sont finis ; les lueurs du couchant s'illuminaient sur son front des rayons de l'aurore éternelle. — Mais ce n'est pas tout : quand une âme a remporté la grande victoire, Dieu lui en accorde une autre qui triomphe aussi du monde à sa manière ; il rend la foi de ses enfants agissante par la charité, et ainsi il embellit de ses plus beaux dons la vie de ses serviteurs et les fait passer de plus en plus de l'activité du monde à celle de son royaume ; il leur fait la grâce de servir leur Sauveur en la personne des délaissés et des pauvres, des malheureux et des égarés, et il charge ses amis de les convier à la participation de ses grâces. Ce sont là les conséquences, les fruits de la première victoire, et vous les avez vus dans la vie de notre frère. C'est ce que vous diront ces enfants du Neuhof qui s'unissent aujourd'hui à nos regrets; de concert avec les autres pères de l'établissement, notre ami travaillait, avec la fidélité que vous savez, à amener au bon Berger, pour prix de ses douleurs, de jeunes âmes à sauver.

Ainsi notre victoire est déjà belle ici-bas; mais que sera-t-elle là-haut, après le dernier péché pardonné, la dernière larme tarie, le dernier ennemi vaincu? — Elle éclatera alors dans toute sa gloire, parce que la foi elle-même cessera pour faire place à la vue qui, elle-même, ne cessera jamais; et c'est alors qu'avec l'apôtre nous aurons lieu de répéter de nouveau : «Christ est ma vie et la mort m'est un gain.» (Phil., I, 21.)

Enfants de celui que le Seigneur a repris à lui, sur la feuille où vous nous annonciez le décès de votre père, vous aviez inscrit ce mot de l'apôtre que je viens de citer; car c'est en vertu de cette parole sainte que notre cher frère s'est endormi dans les bras du Seigneur comme un enfant sur le sein de sa mère, pour jouir de toutes les splendeurs d'un magnifique réveil; ce même texte, nous vous le rendons aujourd'hui à vous, ses enfants et petits-enfants, comme le dernier legs de votre père et de votre aïeul. Prenez-le comme votre force pour renouer les liens qui vous unissent les uns aux autres autour de la mère chérie que Dieu vous a gardée! Je sais de quelle tendresse vous l'avez environnée jusqu'à ce jour; je sais ce qu'elle est pour chacun de vous; serrez-vous de plus près encore auprès d'elle pour lui adoucir ses derniers jours, et faites-le dans l'esprit de votre père, c'est-à-dire en marchant sur les traces qu'il vous a laissées. La foi de notre père! telle est, pour votre famille, la seule devise possible; la foi de notre père, la foi par laquelle il a vaincu le monde, la foi qui lui a permis de mourir en paix, la foi qui restera la nôtre! Ainsi pourrez-vous vous transmettre de génération en génération les bénédictions que vous avez reçues, jusqu'au jour où la grande victoire nous réunira à ceux qui nous ont précédés et à Jésus lui-même; oh! puissions-nous alors l'entendre nous dire: « Tu es à moi pour jamais! tu as gardé la foi, et par elle toi aussi, en mon nom, tu as vaincu le monde, le péché et la mort. » Amen.

Après le chant du cantique : *« Der am Kreuz ist meine Liebe »*, l'assemblée sortit de l'église dans l'ordre où elle y était entrée. On conduisit les restes mortels du défunt au cimetière de Sainte-Hélène, et pendant qu'on les déposait dans la tombe, on entendit les enfants du Neuhof chanter en chœur :

> Jésus-Christ est ma vie,
> Et la mort m'est un gain;
> Je marche à l'agonie
> Sans trouble et sans chagrin.
> Je retourne avec joie
> Vers Jésus, mon Sauveur!
> Il faut que je le voie!
> Il est mon Rédempteur.

M. le professeur Cuvier, président de l'administration du Neuhof, rendit un dernier hommage à la mémoire du défunt et à la foi qui l'animait; puis M. le pasteur Reichard prononça la prière finale et bénit la tombe au nom du Père, du Fils et du Saint-Esprit.

Et ce fut tout pour ce monde. Puisse le souvenir du fidèle serviteur de Dieu que nous avons perdu, rester pour nous une riche source de saintes bénédictions ! Amen.

Discours de M. le professeur Cuvier.

Vous venez d'entendre comme l'écho lointain de voix enfantines, s'élevant en chœur pour rendre un hommage religieux à la mémoire de notre cher ami, M. Herrenschmidt.

Ces voix sont celles des élèves de l'établissement du Neuhof, à l'administration duquel a pris part, pendant une longue suite d'années, notre frère défunt.

A son tour, le président du conseil d'administration de ce même établissement vient, sur l'invitation de la famille, et poussé par un sentiment d'affection profonde, joindre sa voix à celles des enfants de l'Asile, pour consacrer quelques paroles à la mémoire d'un frère vénéré, d'un ami de cœur et d'un excellent collègue.

Ce n'est pas au bord de sa tombe qu'il conviendrait de l'exalter par des éloges hors de propos. Notre frère, ainsi que nous tous, devait tout à la grâce de Dieu, et c'est à Dieu seul qu'appartient la gloire des dons naturels qui l'ont distingué dans la vie, et celle des grâces spirituelles qui ont fait de lui un chrétien et l'ont soutenu dans la mort.

Il n'est personne parmi nous qui n'ait connu et apprécié les aptitudes si précieuses, les dons et les capacités départies par la Providence à cet esprit intelligent, plein d'ardeur et d'activité et si éminemment pratique.

Dans l'œuvre utile du Neuhof, qui lui rend ici, par ma bouche, un hommage reconnaissant, il nous guidait de ses conseils, nous éclairait de ses lumières, nous soutenait activement de tous ses efforts personnels, et nous assistait puissamment des dons sans cesse renouvelés de sa bienfaisance chrétienne.

Déjà quand la philanthropie ne procède que des instincts et des affections sympathiques, qui portent à la bienfaisance, elle est un don béni de Dieu, une des manifestations les plus nobles du cœur de l'homme. Mais pour revêtir pleinement sa forme céleste et divine, il faut qu'elle puise son principe dans la vraie charité chrétienne, dans la communion avec Dieu, et que le Dieu qui est amour, et qui nous montre son amour en Jésus-Christ notre Seigneur, l'alimente et la sanctifie.

C'est de Lui, comme de sa source, que découle la charité, répandue par Lui dans le cœur, à l'aide de la foi vivante en son pardon et en sa grâce. Quiconque a goûté cette grâce, et l'a savouré dans son âme, éprouve le besoin d'aimer Celui qui nous a tant aimés, d'aimer ceux que le Sauveur aime, et de s'associer à son œuvre de miséricorde et de grâce.

C'est à ce grand foyer d'amour que s'alimente désormais une philanthropie nouvelle, plus douce, plus compatissante, plus divine dans ses motifs, plus constante et plus dévouée.

Pénétrés de reconnaissance envers les nombreux bienfaiteurs de notre asile du Neuhof, dont nous apercevons plus d'un au sein même de cette assemblée, nous avons la douce espérance que pour eux, comme pour celui que nous descendons dans la tombe, le principe de leur charité se rattache à la foi chrétienne.

Chez notre vénérable ami, cette foi allait en croissant, dans les derniers jours de sa vie, et revêtait le caractère d'une sincérité profonde et d'une grande humilité. Il usait de peu de paroles, n'affichait ni les apparences, ni les formes de la piété; mais se nourrissait en silence de cet esprit de vérité, de prière et de soumission, dont le rayonnement béni nous a puissamment édifiés dans ses dernières maladies.

Souvent, depuis trois ans surtout, et dans les derniers jours encore, nous l'avons vu dans ses souffrances, nous avons eu le privilége de prier auprès de son lit, et toujours nous l'avons trouvé le cœur tourné vers le Seigneur, calme, serein, affectueux et souriant paisiblement dans sa grande simplicité, en nous remerciant tendrement par un doux serrement de main ou par un baiser fraternel.

> Simplicité désirable,
> Chef-d'œuvre de l'Esprit-Saint,
> Qu'avec toi l'on est aimable,
> Heureux, tranquille et serein !
> Il n'est de bien, de richesse,
> De repos, de liberté,
> De force ni de sagesse,
> Que dans la simplicité.

Il y a quelques jours encore, qu'au plus fort de la maladie, il nous disait en souriant :

J'ai souvent entendu mon père chanter ces paroles d'un cantique : « *Wie Gott mich führt, so will ich geh'n* », je veux dire et faire comme lui.

Cette parole de notre ami, qui reste gravée dans mon cœur, laissez-moi vous la répéter, comme un souvenir précieux, qui soit notre devise à tous : Soyons chrétiens, simples chrétiens, nous abandonnant avec foi à la conduite du Seigneur. Redisons avec notre ami : *Wie Gott mich führt, so will ich geh'n*. Que ce soit là notre mot d'ordre, et nous pourrons, dès maintenant, jusqu'à notre dernier départ, répéter avec le psalmiste :

L'Éternel est mon berger ; je n'aurai point de disette. Il me fait reposer dans des parcs herbeux et le long des eaux tranquilles. Et quand je marcherais par la vallée de l'ombre de la mort, je ne craindrais aucun mal ; car son bâton et sa houlette me gardent. Quoi qu'il arrive, les biens et la miséricorde m'accompagneront tous les jours de ma vie, et mon habitation sera dans la maison de l'Éternel pour toujours. Amen.

STRASBOURG, IMPRIMERIE DE VEUVE BERGER-LEVRAULT.

www.ingramcontent.com/pod-product-compliance
Lightning Source LLC
Chambersburg PA
CBHW060556050426
42451CB00011B/1945